AF355699

Domaine d'Orléans

CATALOGUE

DE BEAUX

TABLEAUX

DE L'ÉCOLE MODERNE,

PROVENANT DES COLLECTIONS

Du feu Roi LOUIS-PHILIPPE,

DONT LA VENTE SE FERA

HOTEL DES VENTES,

RUE DES JEUNEURS, N. 49,

LE LUNDI 10 JANVIER 1853, HEURE DE MIDI,

Par le ministère de M° **BONNEFONS DE LAVIALLE,**
Commissaire-Priseur, rue de Choiseul, 11,

Assisté de M. **DEFER,** Expert, quai Voltaire, 21,

Chez lesquels se distribue le présent Catalogue.

EXPOSITION PUBLIQUE

Les Samedi 8 et Dimanche 9 Janvier 1853, de midi à quatre heures.

PARIS

MAULDE ET RENOU,

IMPRIMEURS DE LA COMPAGNIE DES COMMISSAIRES-PRISEURS.

Rue de Rivoli prolongée, au coin de celle de l'Arbre-Sec.

1853

7280

Domaine d'Orléans

CATALOGUE

DE BEAUX

TABLEAUX

DE L'ÉCOLE MODERNE,

PROVENANT DES COLLECTIONS

Du feu Roi LOUIS-PHILIPPE,

DONT LA VENTE SE FERA

HOTEL DES VENTES,

RUE DES JEUNEURS, N° 42,

LE LUNDI 10 JANVIER 1853, HEURE DE MIDI

Par le ministère de Me **BONNEFONS DE LAVIALLE**,
Commissaire-Priseur, rue de Choiseul, n. 11,
Assisté de M. **DEFER**, Expert, quai Voltaire, n. 21.

Chez lesquels se distribue le présent Catalogue.

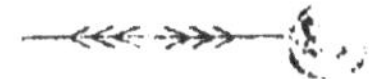

EXPOSITION PUBLIQUE

Les Samedi 8 et Dimanche 9 Janvier 1853, de midi à quatre heures.

PARIS

MAULDE & RENOU,

IMPRIMEURS DE LA COMPAGNIE DES COMMISSAIRES-PRISEURS,
rue de Rivoli prolongée, au coin de la rue de l'Arbre-Sec.

1853

CONDITIONS DE LA VENTE.

Elle sera faite au comptant.

Les acquéreurs paieront cinq centimes par franc, en sus des adjudications.

DÉSIGNATION

DES TABLEAUX

ACHARD.

1 — Vue prise à Saint-Egrève.

DU MÊME.

2 — Vue de la vallée de Grésivaudan.

ANTIGNA.

3 — Jeune Savoyarde comptant son argent;
figure presque entière.

ARGAND (Helène).

4 — Figure d'une jeune femme, en buste.

BACCUET.

5 — Arc-de-triomphe romain de Djimilah.

BARBIER.

6 — Vue de Normandie.

BARRY.

7 — Sortie du port de Marseille.

DU MÊME.

85   8 — Naufrage à la sortie du port de Marseille.

BERTRAND (Mlle).

200   9 — Fleurs et nature morte.

BLANCHARD (P.).

360   10 — Bal donné par Monseigneur le prince de Joinville à bord de la frégate l'*Iphigénie*, le 8 janvier 1839, à la Havane.

BOILLY (PÈRE).

1410   11 — Scène de carnaval à Paris.

Tableau animé d'un grand nombre de figures, et un des plus capitaux de ce maître.

BORGET.

480   12 — Vue d'un grand temple chinois à Macao.

DU MÊME.

62   13 — Mosquée dans le territoire d'Assam.

BOUQUET.

14 — Vue d'une forge en Bretagne.   10.50

A. CLERGÉ-MÉLINGUE.

15 — Vue de la ville d'Edimbourg ; petit fixé,
forme médaillon.

COGNIET (Leon).

16 — Épisode de 1830.   1200

DU MÊME.

17 — Tête d'étude de femme.   1105

CORDOUAN.

18 — Marine. Arrivée du Bey de Tunis sur la   485
rade de Toulon.

COURT.

19 — Portrait de femme.

DUBOIS (François).

20 — Erection de l'Obélisque de Luxor sur la   190
place de la Concorde.

FLANDIN (Eug.).

21 — Vue d'Alger, prise de la Pêcherie.   330

DU MÊME.

320   22 — Prise de Constantine.

FLEURY (Léon).

85.50   23 — Chemin dans les rochers de la Sassenage.

FRAGONARD.

24 — Des Anges chantent les louanges du Seigneur.

(Tableau cintré provenant de la chapelle du Palais Royal. — Toile sans châssis.)

GARNEREY.

25 — Vue d'une rue de La Rochelle.

GÉLIBERT.

26 — Moutons

GERNON (de).

810   27 — Paysans revenant de faire les foins. (Vue d'une partie des Pyrénées et de la plaine de l'Aron).

GERNON (de).

505   28 — Paysage, souvenir de Bretagne.

LAURENT (J.-A.).

370 37 — Guttemberg inventant l'imprimerie.

LEBRUN (D'APRÈS).

38 — La Famille de Darius.

(Toile sans châssis).

DU MÊME.

39 — Sujet inconnu.

(Toile sans châssis).

LECOINTE (CH.).

275 40 — Paysage. L'Enfant prodigue.

LECOMTE.

215 41 — Achat de bestiaux pour un bivouac.

DU MÊME.

101 42 — Soldats en marche arrêtés près d'un fontaine où des jeunes filles leur donnent à boire.

LÉOPOLD-ROBERT.

16,000 43 — Femme napolitaine sur les ruines de sa maison renversée par un tremblement de terre.

Tableau capital et d'un beau sentiment de ce maître célèbre, enlevé si jeune aux arts.

LEPAULLE.

44 — Chambre de Louis XIV, au château de   *100*
      Pontchartrain.

LEPOITTEVIN.

45 — Les Gueux de mer.   *1310*

LESTANG-PARADE.

46 — Intérieur de l'église souterraine de Saint-   *295*
      Joseph, dans la rue del Cassaro, à
      Palerme.

MALBRANCHE.

47 — Sortie d'un village de Normandie.

OUVRIÉ (Justin).

48 — Vue du château et de la ville d'Heidelberg.   *341*

DU MÊME.

49 — Vue du château de Twickenham.   *200*

DU MÊME.

50 — Vue d'Amboise.   *570*

PARIS.

51 — Moutons, étude.

PERROT.

52 — Vue d'une façade d'église italienne.

POITEVIN.

900

53 — Dessinateur au bord de la mer.

RAFFERT.

420

54 — Vue de la place du Gouvernement, à Alger.

RÉGNIER.

12

55 — Pavillon de Mademoiselle de Montpensier, à Eu.

REGNY (ALPH. DE).

14 . 50

56 — Famille de pêcheurs.

ROBERT (ALPHONSE).

169

57 — Intérieur de forêt.

SARAZIN DE BELMONT (Mme).

185

58 — Château de Pau.

SEBRON.

59 — Vue de Neuilly. (Effet de nuit).

SMARGIASSI.

60 — Vue de Naples.   *465*

DU MÊME.

61 — La Grotte d'azur, à Caprée.

STORELLI.

62 — Les Marionnettes au môle de Naples.   *308*

TRIQUETI.

63 — Galilée devant l'Inquisition.

VANDERBURCH.

64 — Châlet dans le canton de Berne.   *112*

DU MÊME.

65 — Vue de la Jungfrau et du lac de Thun.

VINIT (Léon).

66 — Vue des Pyramides en venant de Sakarah   *17*

DU MÊME.

67 — Vue de la Cathédrale de Palerme.

WATTELET.

68 — Cascatelles de Tivoli.   *500*

Aquarelles.

HUBERT.

69 — Chute d'eau et rochers dans le canton de
Berne.

PELLETIER (L.).

70 — Paysage, à Boppard, sur le Rhin.

VIOLET-LEDUC.

71 — Vue de la Cathédrale de Palerme.

Gravures.

DESNOYERS.

72 — Transfiguration, d'après Raphaël.

CALAMATA.

73 — Françoise de Rimini, d'après M. Ary
Scheffer.

BRIDOUX.

74 — La Conception, d'après Murillo.

LAUGIER.

75 — La Vierge, l'Enfant-Jésus et sainte Anne,
d'après Léonard de Vinci.

LE MÊME.

76 — Zéphyre, d'après Prud'hon.

LEROUX.

77 — Assomption de la Vierge, d'après Murillo.

77 bis. — La Vierge à l'étoile, d'après Pinturichio.

FAUCHERY.

78 — La Joconde, d'après Léonard de Vinci.

LORICHON

79 — La Sainte-Famille, d'après Raphaël.

LECOMTE (Narcisse).

80 — La Sainte-Famille, dite la Vierge à la
perle.

FORTIER.

81 — Une Forêt vierge du Brésil.

RICHOMME.

82 — Daphnis et Chloé, d'après Gérard.

BEIN.

83 — Vierge Nicolini, d'après Raphaël.

AUDRAN (D'APRÈS LEBRUN).

84 — La Famille de Darius.

DU MÊME.

85 — Triomphe d'Alexandre.

86 — Douze estampes gravées par divers maîtres pour la Société des Arts de Paris.

87 — Cinq estampes anglaises, diverses espèces de chien et autres animaux gravés en manière noire, d'après Landseer.

88 — Seize estampes gravées, d'après Van der Meulen, Wouwermans et autres peintres, sujets des campagnes de Louis XIV.

Cet article et les deux qui précèdent seront divisés

Imp. Maulde et Renou, r. Rivoli prolongée, 14,
7280   près la rue de l'Arbre-Sec.